THIIS PROJECT BOOK
BELONGS TO

_____

_____

_____

PROJECT NAME: _____

DATE STARTED _____ **DATE FINISHED** _____

SKETCH

Clay _____

Technique _____

Firing _____

Glazing _____

PROJECT NAME: _____

DATE STARTED _____ **DATE FINISHED** _____

SKETCH

Clay _____
Technique _____

Firing _____

Glazing _____

PROJECT NAME: _____

DATE STARTED_____**DATE FINISHED**_____

SKETCH

Clay _____

Technique _____

Firing _____

Glazing _____

PROJECT NAME:_____

DATE STARTED_____**DATE FINISHED**_____

SKETCH

Clay _____

Technique _____

Firing _____

Glazing _____

PROJECT NAME: _____

DATE STARTED _____ **DATE FINISHED** _____

SKETCH

Clay ——————————————————————

Technique ——————————————————

Firing ———————————————————————

Glazing ——————————————————————

PROJECT NAME:_____

DATE STARTED_____ **DATE FINISHED**_____

SKETCH

Clay _____

Technique_____

Firing _____

Glazing_____

PROJECT NAME: _____

DATE STARTED _____ **DATE FINISHED** _____

SKETCH

Clay _____

Technique _____

Firing _____

Glazing _____

PROJECT NAME: _____

DATE STARTED_____ **DATE FINISHED**_____

SKETCH

Clay _____
Technique _____

Firing _____

Glazing _____

PROJECT NAME: _____

DATE STARTED_____ **DATE FINISHED**_____

SKETCH

Clay _____

Technique _____

Firing _____

Glazing _____

PROJECT NAME: _____

DATE STARTED_____**DATE FINISHED**_____

SKETCH

Clay _____

Technique _____

Firing _____

Glazing _____

PROJECT NAME:_____

DATE STARTED_____**DATE FINISHED**_____

SKETCH

Clay _____

Technique _____

Firing _____

Glazing _____

PROJECT NAME:_____

DATE STARTED_____**DATE FINISHED**_____

SKETCH

Clay ————————————————
Technique————————————————

Firing ————————————————

Glazing ————————————————

PROJECT NAME: _____

DATE STARTED _____ **DATE FINISHED** _____

SKETCH

Clay _____

Technique _____

Firing _____

Glazing _____

PROJECT NAME:＿＿＿＿＿＿＿＿＿＿

DATE STARTED＿＿＿＿＿**DATE FINISHED**＿＿＿＿＿

SKETCH

Clay ＿＿＿＿＿＿＿＿＿＿＿＿＿＿＿＿＿

Technique＿＿＿＿＿＿＿＿＿＿＿＿＿＿＿

Firing＿＿＿＿＿＿＿＿＿＿＿＿＿＿＿＿

Glazing＿＿＿＿＿＿＿＿＿＿＿＿＿＿＿

＿＿＿＿＿＿＿＿＿＿＿＿＿＿＿＿＿＿＿

PROJECT NAME: _____

DATE STARTED _____ **DATE FINISHED** _____

SKETCH

Clay —————————————————————

Technique —————————————————

Firing —————————————————————

Glazing ————————————————————

PROJECT NAME: _____

DATE STARTED _____ **DATE FINISHED** _____

SKETCH

Clay _____

Technique _____

Firing _____

Glazing _____

PROJECT NAME: _____

DATE STARTED_____**DATE FINISHED**_____

SKETCH

Clay _____

Technique _____

Firing _____

Glazing _____

PROJECT NAME:_____

DATE STARTED_____**DATE FINISHED**_____

SKETCH

Clay _____

Technique _____

Firing _____

Glazing _____

PROJECT NAME: _____

DATE STARTED_____**DATE FINISHED**_____

SKETCH

Clay _____

Technique _____

Firing _____

Glazing _____

PROJECT NAME: _____

DATE STARTED_____DATE FINISHED_____

SKETCH

Clay _____
Technique _____

Firing _____

Glazing _____

PROJECT NAME: _____

DATE STARTED _____ **DATE FINISHED** _____

SKETCH

Clay _____
Technique _____

Firing _____

Glazing _____

PROJECT NAME: _____

DATE STARTED _____ **DATE FINISHED** _____

SKETCH

Clay _____

Technique _____

Firing _____

Glazing _____

PROJECT NAME: _____

DATE STARTED _____ **DATE FINISHED** _____

SKETCH

Clay _____

Technique _____

Firing _____

Glazing _____

PROJECT NAME:_____

DATE STARTED_____**DATE FINISHED**_____

SKETCH

Clay _____

Technique_____

Firing _____

Glazing _____

PROJECT NAME: _____

DATE STARTED_____**DATE FINISHED**_____

SKETCH

Clay _____

Technique _____

Firing _____

Glazing _____

PROJECT NAME: _____

DATE STARTED _____ **DATE FINISHED** _____

SKETCH

Clay _____

Technique _____

Firing _____

Glazing _____

PROJECT NAME: _____

DATE STARTED_____**DATE FINISHED**_____

SKETCH

Clay _____
Technique _____

Firing _____

Glazing _____

PROJECT NAME: _____

DATE STARTED_____ **DATE FINISHED**_____

SKETCH

Clay _____
Technique _____

Firing _____

Glazing _____

PROJECT NAME: _____

DATE STARTED_____ **DATE FINISHED**_____

SKETCH

Clay ————————————————————————

Technique ————————————————————

Firing ————————————————————————

Glazing ————————————————————————

PROJECT NAME:_____

DATE STARTED_____**DATE FINISHED**_____

SKETCH

Clay _____

Technique _____

Firing _____

Glazing _____

PROJECT NAME: _____

DATE STARTED _____ **DATE FINISHED** _____

SKETCH

Clay _____

Technique _____

Firing _____

Glazing _____

PROJECT NAME: _____

DATE STARTED _____ **DATE FINISHED** _____

SKETCH

Clay _____
Technique _____

Firing _____

Glazing _____

PROJECT NAME: _____

DATE STARTED _____ **DATE FINISHED** _____

SKETCH

Clay _____

Technique _____

Firing _____

Glazing _____

PROJECT NAME: _____

DATE STARTED _____ **DATE FINISHED** _____

SKETCH

Clay _____

Technique _____

Firing _____

Glazing _____

PROJECT NAME: _____

DATE STARTED_____**DATE FINISHED**_____

SKETCH

Clay _____

Technique _____

Firing _____

Glazing _____

_____

PROJECT NAME: _____

DATE STARTED _____ **DATE FINISHED** _____

SKETCH

Clay _____

Technique _____

Firing _____

Glazing _____

PROJECT NAME: _____

DATE STARTED_____**DATE FINISHED**_____

SKETCH

Clay _____

Technique _____

Firing _____

Glazing _____

PROJECT NAME: _____

DATE STARTED_____ **DATE FINISHED**_____

SKETCH

Clay _____
Technique _____

Firing _____

Glazing _____

PROJECT NAME: _____

DATE STARTED _____ **DATE FINISHED** _____

SKETCH

Clay _____

Technique _____

Firing _____

Glazing _____

PROJECT NAME: _____

DATE STARTED_____**DATE FINISHED**_____

SKETCH

Clay _____

Technique _____

Firing _____

Glazing _____

PROJECT NAME: _____

DATE STARTED_____**DATE FINISHED**_____

SKETCH

Clay _____

Technique _____

Firing _____

Glazing _____

PROJECT NAME: _____

DATE STARTED_____**DATE FINISHED**_____

SKETCH

Clay _____

Technique _____

Firing _____

Glazing _____

PROJECT NAME: _____

DATE STARTED _____ **DATE FINISHED** _____

SKETCH

Clay _____
Technique _____

Firing _____

Glazing _____

PROJECT NAME: _____

DATE STARTED_____**DATE FINISHED**_____

SKETCH

Clay _____

Technique_____

Firing_____

Glazing_____

PROJECT NAME: _____

DATE STARTED _____ **DATE FINISHED** _____

SKETCH

Clay _____

Technique _____

Firing _____

Glazing _____

PROJECT NAME:_____

DATE STARTED_____**DATE FINISHED**_____

SKETCH

Clay _____
Technique _____

Firing _____

Glazing _____

PROJECT NAME: _____

DATE STARTED _____ **DATE FINISHED** _____

SKETCH

Clay ———————————————————
Technique ———————————————

Firing ———————————————————

Glazing ———————————————————

PROJECT NAME:_____

DATE STARTED_____**DATE FINISHED**_____

SKETCH

Clay _____

Technique _____

Firing _____

Glazing _____

PROJECT NAME: _____

DATE STARTED_____**DATE FINISHED**_____

SKETCH

Clay _____

Technique _____

Firing _____

Glazing _____

PROJECT NAME:_____

DATE STARTED_____**DATE FINISHED**_____

SKETCH

Clay _____

Technique _____

Firing _____

Glazing _____

PROJECT NAME: _____

DATE STARTED_____**DATE FINISHED**_____

SKETCH

Clay _____

Technique _____

Firing _____

Glazing _____

PROJECT NAME: _____

DATE STARTED_____**DATE FINISHED**_____

SKETCH

Clay _____
Technique_____

Firing_____

Glazing_____

PROJECT NAME: _____

DATE STARTED _____ **DATE FINISHED** _____

SKETCH

Clay _____

Technique _____

Firing _____

Glazing _____

PROJECT NAME: _____

DATE STARTED_____ **DATE FINISHED**_____

SKETCH

Clay _____
Technique _____

Firing _____

Glazing _____

PROJECT NAME: _____

DATE STARTED _____ **DATE FINISHED** _____

SKETCH

Clay ——————————————————

Technique ————————————————

Firing ——————————————————

Glazing —————————————————

PROJECT NAME: _____

DATE STARTED _____ **DATE FINISHED** _____

SKETCH

Clay _____

Technique _____

Firing _____

Glazing _____

PROJECT NAME: _____

DATE STARTED_____ **DATE FINISHED**_____

SKETCH

Clay _____

Technique _____

Firing _____

Glazing _____

PROJECT NAME: _____

DATE STARTED_____**DATE FINISHED**_____

SKETCH

Clay _____

Technique_____

Firing _____

Glazing _____

PROJECT NAME: _____

DATE STARTED _____ **DATE FINISHED** _____

SKETCH

Clay ————————————————————

Technique ————————————————

Firing ————————————————————

Glazing ————————————————————

PROJECT NAME: _____

DATE STARTED _____ **DATE FINISHED** _____

SKETCH

Clay _____
Technique _____

Firing _____

Glazing _____

PROJECT NAME: _____

DATE STARTED _____ **DATE FINISHED** _____

SKETCH

Clay _____

Technique _____

Firing _____

Glazing _____

PROJECT NAME:

DATE STARTED _____ **DATE FINISHED** _____

SKETCH

Clay _____

Technique _____

Firing _____

Glazing _____

PROJECT NAME: _____

DATE STARTED_____ **DATE FINISHED**_____

SKETCH

Clay _____

Technique _____

Firing _____

Glazing _____

PROJECT NAME: _____

DATE STARTED _____ **DATE FINISHED** _____

SKETCH

Clay _____

Technique _____

Firing _____

Glazing _____

PROJECT NAME: _____

DATE STARTED _____ **DATE FINISHED** _____

SKETCH

Clay ————————————————

Technique ————————————————

Firing ————————————————

Glazing ————————————————

PROJECT NAME: _____

DATE STARTED _____ **DATE FINISHED** _____

SKETCH

Clay _____

Technique _____

Firing _____

Glazing _____

PROJECT NAME: _____

DATE STARTED _____ **DATE FINISHED** _____

SKETCH

Clay ——————————————————————

Technique ——————————————————

Firing ——————————————————————

Glazing ——————————————————————

PROJECT NAME: _____

DATE STARTED_____ **DATE FINISHED**_____

SKETCH

Clay _____
Technique _____

Firing _____

Glazing _____

PROJECT NAME: _____

DATE STARTED _____ **DATE FINISHED** _____

SKETCH

Clay ——————————————————

Technique ———————————————

Firing ——————————————————

Glazing ————————————————

PROJECT NAME: _____

DATE STARTED_____**DATE FINISHED**_____

SKETCH

Clay _____
Technique _____

Firing _____

Glazing _____

PROJECT NAME: _____

DATE STARTED _____ **DATE FINISHED** _____

SKETCH

Clay _____

Technique _____

Firing _____

Glazing _____

PROJECT NAME: _____

DATE STARTED _____ **DATE FINISHED** _____

SKETCH

Clay _____

Technique _____

Firing _____

Glazing _____

PROJECT NAME:_____

DATE STARTED_____**DATE FINISHED**_____

SKETCH

Clay ————————————————

Technique————————————————

Firing ————————————————

Glazing ————————————————

PROJECT NAME: _____

DATE STARTED_____ **DATE FINISHED**_____

SKETCH

Clay _____

Technique _____

Firing _____

Glazing _____

PROJECT NAME: _____

DATE STARTED _____ **DATE FINISHED** _____

SKETCH

Clay _____

Technique _____

Firing _____

Glazing _____

PROJECT NAME: _____

DATE STARTED_____ **DATE FINISHED**_____

SKETCH

Clay _____
Technique _____

Firing _____

Glazing _____

PROJECT NAME: _____

DATE STARTED_____**DATE FINISHED**_____

SKETCH

Clay _____

Technique _____

Firing _____

Glazing _____

PROJECT NAME: _____

DATE STARTED_____**DATE FINISHED**_____

SKETCH

Clay _____
Technique _____

Firing _____

Glazing _____

PROJECT NAME:_____

DATE STARTED_____**DATE FINISHED**_____

SKETCH

Clay _____

Technique_____

Firing _____

Glazing _____

PROJECT NAME: _____

DATE STARTED _____ **DATE FINISHED** _____

SKETCH

Clay ————————————————————
Technique ——————————————————

Firing ———————————————————

Glazing ——————————————————

PROJECT NAME: _____

DATE STARTED _____ **DATE FINISHED** _____

SKETCH

Clay _____

Technique _____

Firing _____

Glazing _____

PROJECT NAME:_____

DATE STARTED_____**DATE FINISHED**_____

SKETCH

Clay _____

Technique _____

Firing _____

Glazing _____

PROJECT NAME:_____

DATE STARTED_____ **DATE FINISHED**_____

SKETCH

Clay ——————————————————

Technique——————————————

Firing——————————————————

Glazing—————————————————

PROJECT NAME:_____

DATE STARTED_____**DATE FINISHED**_____

SKETCH

Clay ————————————————————

Technique————————————————

Firing————————————————————

Glazing————————————————————

PROJECT NAME:_____

DATE STARTED_____**DATE FINISHED**_____

SKETCH

Clay ——————————————————————

Technique——————————————————————

Firing ——————————————————————

Glazing ——————————————————————

PROJECT NAME: _____

DATE STARTED_____**DATE FINISHED**_____

SKETCH

Clay _____

Technique_____

Firing _____

Glazing _____

PROJECT NAME: _____

DATE STARTED _____ **DATE FINISHED** _____

SKETCH

Clay _____

Technique _____

Firing _____

Glazing _____

PROJECT NAME:_____

DATE STARTED_____**DATE FINISHED**_____

SKETCH

Clay _____

Technique_____

Firing _____

Glazing _____

PROJECT NAME:_____

DATE STARTED_____**DATE FINISHED**_____

SKETCH

Clay _____

Technique_____

Firing_____

Glazing_____

PROJECT NAME: _____

DATE STARTED_____ **DATE FINISHED**_____

SKETCH

Clay _____
Technique _____

Firing _____

Glazing _____

PROJECT NAME: _____

DATE STARTED_____ **DATE FINISHED**_____

SKETCH

Clay _____

Technique _____

Firing _____

Glazing _____

PROJECT NAME: _____

DATE STARTED_____ **DATE FINISHED**_____

SKETCH

Clay _____
Technique_____

Firing_____

Glazing_____

PROJECT NAME: _____

DATE STARTED_____**DATE FINISHED**_____

SKETCH

Clay ——————————————————————

Technique——————————————————————

Firing ——————————————————————

Glazing ——————————————————————

PROJECT NAME: _____

DATE STARTED _____ **DATE FINISHED** _____

SKETCH

Clay _____
Technique _____

Firing _____

Glazing _____

PROJECT NAME: _____

DATE STARTED_____ **DATE FINISHED**_____

SKETCH

Clay _____

Technique _____

Firing _____

Glazing _____

PROJECT NAME: _____

DATE STARTED_____ **DATE FINISHED**_____

SKETCH

Clay _____

Technique _____

Firing _____

Glazing _____

PROJECT NAME: _____

DATE STARTED_____**DATE FINISHED**_____

SKETCH

Clay _____

Technique_____

Firing_____

Glazing_____

_____

PROJECT NAME:_____

DATE STARTED_____ **DATE FINISHED**_____

SKETCH

Clay _____

Technique_____

Firing _____

Glazing _____

PROJECT NAME:_____

DATE STARTED_____ **DATE FINISHED**_____

SKETCH

Clay _____

Technique _____

Firing _____

Glazing _____

PROJECT NAME:_____

DATE STARTED_____**DATE FINISHED**_____

SKETCH

Clay _____
Technique _____

Firing _____

Glazing _____

PROJECT NAME: _____

DATE STARTED _____ **DATE FINISHED** _____

SKETCH

Clay _____

Technique _____

Firing _____

Glazing _____

PROJECT NAME: _____

DATE STARTED_____**DATE FINISHED**_____

SKETCH

Clay _____
Technique_____

Firing_____

Glazing_____

PROJECT NAME: _____

DATE STARTED _____ **DATE FINISHED** _____

SKETCH

Clay _____

Technique _____

Firing _____

Glazing _____

PROJECT NAME: _____

DATE STARTED _____ **DATE FINISHED** _____

SKETCH

Clay _____
Technique _____

Firing _____

Glazing _____

PROJECT NAME: _____

DATE STARTED_____**DATE FINISHED**_____

SKETCH

Clay _____

Technique _____

Firing _____

Glazing _____

PROJECT NAME: _____

DATE STARTED_____ **DATE FINISHED**_____

SKETCH

Clay _____

Technique _____

Firing _____

Glazing _____

PROJECT NAME: _____

DATE STARTED_____**DATE FINISHED**_____

SKETCH

Clay _____

Technique _____

Firing _____

Glazing _____

PROJECT NAME: _____

DATE STARTED_____ **DATE FINISHED**_____

SKETCH

Clay _____
Technique_____

Firing_____

Glazing_____

PROJECT NAME: _____

DATE STARTED_____**DATE FINISHED**_____

SKETCH

Clay _____

Technique _____

Firing _____

Glazing _____

PROJECT NAME: _____

DATE STARTED_____ **DATE FINISHED**_____

SKETCH

Clay _____

Technique _____

Firing _____

Glazing _____

PROJECT NAME: _____

DATE STARTED_____ **DATE FINISHED**_____

SKETCH

Clay ————————————————————————

Technique————————————————————————

Firing ————————————————————————

Glazing ————————————————————————

PROJECT NAME: _____

DATE STARTED_____**DATE FINISHED**_____

SKETCH

Clay _____

Technique _____

Firing _____

Glazing _____

PROJECT NAME: _____

DATE STARTED _____ **DATE FINISHED** _____

SKETCH

Clay _____

Technique _____

Firing _____

Glazing _____

PROJECT NAME: _____

DATE STARTED _____ **DATE FINISHED** _____

SKETCH

Clay _____
Technique _____

Firing _____

Glazing _____

PROJECT NAME: _____

DATE STARTED _____ **DATE FINISHED** _____

SKETCH

Clay _____

Technique _____

Firing _____

Glazing _____

PROJECT NAME: _____

DATE STARTED_____ **DATE FINISHED**_____

SKETCH

Clay _____

Technique _____

Firing _____

Glazing _____

PROJECT NAME: _____

DATE STARTED _____ **DATE FINISHED** _____

SKETCH

Clay ——————————————————

Technique ——————————————

Firing ——————————————————

Glazing ————————————————

PROJECT NAME: _____

DATE STARTED_____ DATE FINISHED_____

SKETCH

Clay _____

Technique _____

Firing _____

Glazing _____

Notes:

Made in the USA
Columbia, SC
12 December 2021

51164690R00067